Heinrich Böll:
Gedichte

Klaus Staeck:
Collagen

Deutscher
Taschenbuch
Verlag

dtv

Erweiterte Ausgabe
Juni 1981
Deutscher Taschenbuch Verlag GmbH & Co. KG, München

ISBN 3-921521-01-7
Umschlaggestaltung: Celestino Piatti unter Verwendung einer Collage von Klaus Staeck
Satz: Steidl, Düstere Str. 4, Göttingen
Druck und Bindung: Kösel, Kempten
Printed in Germany · ISBN 3-423-01667-1

Das Buch

Wenn zwei kämpferische Demokraten wie Heinrich Böll und Klaus Staeck die bundesdeutsche Ideologie der letzten Jahre aufs Korn nehmen, wird niemand erwarten, daß sie behutsam und leise vorgehen. Der Nobelpreisträger und der Politgrafiker schlagen Alarm! Während der eine mit seinen satirischen Collagen daran erinnert, welche Verbrechen im Namen von »Ruhe und Ordnung« oder »Leistung und Autorität« in Deutschland verübt worden sind, spricht der andere aus tiefer Verletztheit seine Anklage aus und ruft die Freunde zum solidarischen Handeln. »Unsere politische Vernunft erhalte uns dieses Gespann, wir haben es nötig zur Demonstration der Tatsache, daß Freiheit in einer Republik keine halbe sein kann« (Frankfurter Allgemeine Zeitung)

Die Autoren

Heinrich Böll, am 21. Dezember 1917 in Köln geboren, war nach dem Abitur Lehrling im Buchhandel. Im Krieg sechs Jahre Soldat. Danach Studium der Germanistik. Seit 1949 veröffentlichte er Erzählungen, Romane, Hör- und Fernsehspiele, Theaterstücke und ist auch als Übersetzer aus dem Englischen tätig. 1972 erhielt Böll den Nobelpreis für Literatur.

Klaus Staeck, geboren am 28. Februar 1938 in Pulsnitz (Bez. Dresden), ist Rechtsanwalt bei den Landgerichten Heidelberg und Mannheim, Grafiker und Demokrat aus Passion. Seine Plakate, Postkarten, Aufkleber und Flugblätter haben seit Ende der sechziger Jahre Millionenauflagen erreicht und längst auch Eingang in Galerien und Museen gefunden.

Von Heinrich Böll
sind im Deutschen Taschenbuch Verlag erschienen:
Irisches Tagebuch (1)
Zum Tee bei Dr. Borsig (200)
Als der Krieg ausbrach (339; auch als dtv großdruck 2537)
Nicht nur zur Weihnachtszeit (350; auch als
dtv großdruck 2526)
Ansichten eines Clowns (400)
Wanderer, kommst du nach Spa ... (437)
Ende einer Dienstfahrt (566)
Aufsätze – Kritiken – Reden (616/617)
Der Zug war pünktlich (818)
Wo warst du, Adam? (856)
Gruppenbild mit Dame (959)
Billard um halbzehn (991)
Der Lorbeer ist immer noch bitter (1023)
Die verlorene Ehre der Katharina Blum (1150; auch als
dtv großdruck 2501)
Schwierigkeiten mit der Brüderlichkeit (1153)
Das Brot der frühen Jahre (1374)
Hausfriedensbruch/Aussatz (1439)
Und sagte kein einziges Wort (1518)
Ein Tag wie sonst (1536)
Spuren der Zeitgenossenschaft (1580)
Gefahren von falschen Brüdern (1581)
Haus ohne Hüter (1631)
Hierzulande (sr 5311)
Frankfurter Vorlesungen (sr 5368)

Über Heinrich Böll:
Der Schriftsteller Heinrich Böll (530)
In Sachen Böll – Ansichten und Einsichten (730)

Collagen von Klaus Staeck
sind enthalten im dtv-Band 5461:
Gabriele Wohmann: Der Nachtigall fällt auch nichts Neues ein

Inhalt

Meine Muse

Meine Muse steht an der Ecke
billig gibt sie jedermann
was ich nicht will
wenn sie fröhlich ist
schenkt sie mir was ich möchte
selten hab ich sie fröhlich gesehen

Meine Muse ist eine Nonne
im dunklen Haus
hinter doppeltem Gitter
legt sie bei ihrem Geliebten
ein Wort für mich ein

Meine Muse arbeitet in der Fabrik
wenn sie Feierabend hat
will sie mit mir tanzen gehn
Feierabend
ist für mich keine Zeit

Meine Muse ist alt
sie klopft mir auf die Finger
kreischt mit ledernem Mund
umsonst Narr
Narr umsonst

Meine Muse ist eine Hausfrau
nicht Leinen
Worte hat sie im Schrank
Selten öffnet sie die Türen
und gibt mir eins aus

Meine Muse hat Aussatz
wie ich
wir küssen einander den Schnee
von den Lippen
erklären einander für rein

Meine Muse ist eine Deutsche
sie gibt keinen Schutz
nur wenn ich in Drachenblut bade
legt sie die Hand mir aufs Herz
so bleib ich verwundbar

später herz später

später herz später
wirst Du haben
was Dein ist
den osten
geduldig klug
leidend und Dein

ruhe herz über gebein
und asche
der deutschen aussaat
später herz später
wirst Du haben
was Dein ist
den osten
nimm ihn
und hol mich dorthin

später herz
wirst Du wissen
meine tarnung war meine haut
ich war nicht drin
konnte nicht raus
sie paßte nicht
meine haut
meine tarnung
Du wirst wissen herz
alles

jetzt geh hin
geh nimm und iß
was der bruder
unser einziger
Dir bietet
geh nimm und iß

Der Wind hat sich gedreht.

Viele Menschen in unserem Land sind der
ideologischen Herausforderung müde.
Sie suchen wieder nach der Bewahrung des Bewährten.
Sie verlangen nach Sicherheit vor radikaler Gewalt.
Sie wollen einen Staat mit Autorität.
Sie fragen nach Ordnung in Freiheit.
Sie fordern die Rückkehr zur Leistung.
Sie sehnen sich nach demokratischer Solidarität.
Sie wenden sich von Ideologien ab und Idealen zu.
Sie sind wieder bereit, sich zu belasten.

[redacted] ist immer für die Bewahrung
des Bewährten eingetreten.
[redacted] ist deswegen
heute die Zeitung von morgen.

[redacted]
UNABHÄNGIGE TAGESZEITUNG FÜR DEUTSCHLAND

Anzeige aus »Die WELT« vom 31.12.1974

Engel

Engel – wenn Du ihn suchst
er ist Erde
zwischen den Steinen am großen Berg
bereit aufzustehn
wenn Du ihn rufst
wenn Du ihn rufst
ohne Macht
ohne Herrlichkeit
ruf wie ein Bruder
wenn Du ihn suchst
Germane war er Jude Christ
Erde ist er für Schlehdorn Fuchsie Ginster
zwischen den Sternen am großen Berg
Wenn Du ihn suchst
wenn Du ihn findest Engel
mach ihn neu
nicht aus Blut
nicht aus Galle
aus Tränen und
ein paar Tropfen Rheinwasser
mach ihn neu
wenn Du ihn findest

KÖLN I

Für Joseph Faßbender

Wer an Kanälen lauscht
kann sie hören
in Labyrinthen
unter der Stadt
über Geröll, Scherben, Gebein
stolpert die Madonna
hinter Venus her
sie zu bekehren
vergebens
vergebens ihr Sohn hinter Dionys
vergebens Gereon hinter Caesar
Hohnlachen
wer an Kanälen lauscht
kann es hören

Der dunklen Mutter
durch Geschichte
nicht gebessert
steht Schmutz
gut zu Gesicht
in Labyrinthen
unter der Stadt
verkuppelt sie die Madonna
an Dionys

versöhnt den Sohn mit Venus
zwingt Gereon und Caesar
zur Großen Koalition
sich selbst verkuppelt sie
an alle die guter Münze sind

KÖLN II

Für Grieshaber

Sie glaubt nicht an Dauer
und dauert so lange
ewig ewig
heilig heilig
will sie nicht sein

über zerbrochenen Bischofsstäben
kocht sie ihr Süppchen
Material
aus Tränen
Asche der Heiligen
Hurenblut
Bürgertalg
zermahlenem Domherrengebein

mit Pinsel
aus Madonnenhaar
mals sie Flüche
an die Mauerreste
tief tief
unter dem Dom

beschwört ihn
sie liebt ihn
er sie nicht
immer immer
fließt er an ihr vorbei

für Peter Huchel

wortlos
im Stacheldraht West
wird das Eindeutige zweideutig
wortlos
im Stacheldraht Ost
das Zweideutige nicht eindeutig

Viele Menschen in unserem Land sind der ideologischen Herausforderung müde

Sie suchen wieder nach der Bewahrung des Bewährten

Aufforderung zum »Oho«-Sagen

wenn
ungefähr im März 1974
der 200. Starfighter abstürzt
wird vielleicht doch einmal
jemand hörbar »Aha« sagen

und wenn dann
ungefähr im Dezember 1975
der 250. abstürzt
wird vielleicht doch einmal
jemand »Oho« sagen
hörbar

und wenn dann
ungefähr im Januar 1977
der 300. abstürzt
könnte vielleicht sogar jemand
»Aber, aber« sagen
hörbar

und wenn dann …
nein vielleicht werden auch einmal
Piloten schreien
aus Pflichterfüllung
und wer wer bekommt die
vielen Ritterkreuze
für so viel Abschüsse?

Wer sagt »Aha«, »Oho« oder »Aber, aber«
und wo verrosten die Orden?

Es braucht ja nicht gleich einer
zu schreien oder zu weinen
das wäre ja emotional
fügt euch nur weiter ins Vermeidliche
seid weiterhin nicht emo – seid national
und laßt sie weiter abstürzen
schweigend stillschweigend
und den Zähler springen auf 133,
134, 135 … es ist noch Platz bis 700

oh ihr kühnen Knaben von Nörvenich
manchmal ärgere ich mich morgens
über den Lärm eurer Himmelssägen
der nutzlosen
abends dann hör ich im Radio
der Zähler ist wieder eins weiter gesprungen
und weiß Ärger ist kleinlich
Zorn besser auch über euch
ihr seid so brav
und opfert euch für ein
längst mißglücktes Experiment
sinnlos nutzlos (das ohnehin)
und wenn dann
etwa im Dezember 1978
der 350. abstürzt
seid ihr die Hälfte los

Viele Menschen in unserem Land sind der ideologischen Herausforderung müde

Sie verlangen nach Sicherheit vor radikaler Gewalt

Oh ihr kühnen Knaben
im Hürtgenwald
über den ihr so rasch hinwegfliegt
lagen mehr als 100 000
und fast ebenso viele Orden
die Zähler springen
so rasch und es dauert so lange
bis eine deutsche Frau
oder Mutter »Oho« sagt
deutsche Männer wissen ohnehin
was sein muß muß sein
und deutsche Generale
blicken immer so traurig drein

euch möchte ich fröhlich sehn
und wenn euch der Wagemut plagt
die Tollkühnheit kitzelt
beim Reiten von Himmelssägen
stehen die Chancen 1:5
wie beim russischen Roulette
wie lange wie lange
wollt ihr die Schnödigkeit hinnehmen?

Gib Alarm!

Für Ullrich Sonnemann

Gib Alarm
Sammle Deine Freunde
nicht
wenn die Hyänen heulen
nicht
wenn der Schakal Dich umkreist
oder
die Haushunde kläffen
nicht
wenn der Ochs unterm Joch
einen Fehltritt tut
oder der Muli am Göpel stolpert
Gib Alarm
Sammle Deine Freunde
wenn die Karnickel die Zähne blecken
und ihren Blutdurst anmelden
Wenn die Spatzen Sturzflug üben
und zustoßen
Gib Alarm

KÖLN III

Spaziergang am Nachmittag des Pfingstsonntags
30. Mai 1971

die Stadt
in freudloser Sonne
verödet

wieder mal aufgewühlt
im dreißigjährigen Krieg
der Bauplaner
maschinen
firmen
ausschüsse
bagger
krane
unzählige Abschüsse
nach dreißigjährigem Einsatz der
Preßlufthammerflak
Gefallene
Gefangene
Siege

in Aufriß und Abbau
unaufhaltsamer Vormarsch
die Sappen längst
bis Wladiwostok vorgetrieben

keinen Fußbreit hergegeben
an der grauen Front des Profits
in den Goldgruben der Schwerbewaffneten
(für humanistisch Gebildete: Hopliten)
stetig steigender Mietpreis

höhnische Stille
vertriebener Ruhe
Vollzugsmeldung
Ohrenbetäubung
durchgeführt

wunderbar den verwalteten Staub vermehrt
in Abriß und Aufbau
leukämische Fassaden
der Wucherer

o heiliger Geist
erbarme dich unser
nur noch zwanzig vom Hundert
beträgt unser Profit
erst in fünf Jahren
haben wir unser Kapital verdoppelt
heiliger Geist
bewahre uns
vor der Kostenexplosion
oh heiligster aller heiligen Geiste
verleihe den Verkäuferinnen Einsicht

vierhundert Mark (netto!)
oh heiliges Brutto
allerheiligstes Konto
wohin soll das noch führen

wo doch allein Haarkünstler
und Haartracht
einer Freundin
der Ersatzreserve III
erheblich mehr kostet
oh heiliger Geist
die Kosten explodieren

irgendwo
eine öde Nachmittagspredigt
anderswo
verschlossene Kirchtür

erbarmungslos
schlaffes Studentenpingpong
hinter überquellenden Abfalleimern
verkotzte katholische Revolution
unfreundlich freudlos
du einzig wahre
schieläugig
großartig
graue
irdische Himmelskundige
auf dem Hügel am Kapitol

aus deiner wievielten Ehe
stammte die süße
die feine
mokante
Trümmerkokette
unnahbar
ständig von Kerzen geküßt
im Himmelblaugelb
eingelullt von mehr Zärtlichkeit
als ihr zusteht
hört sie
unnahbar
nicht taub
über Dschungelschwüle hinweg
Geflüster von gebrochenen Herzen
gebrochenen Ehen
in genußreicher Jungfräulichkeit

schieläugige
grau großartig
versteckt am Kapitol
dir die Krone Mutterkuchen
und eine Kerze
der kleinen da in St. Peter
vor drei Jahren
am Geburtstag
hatte sie Fuchsienblüten für mich

Viele Menschen in unserem Land sind der ideologischen Herausforderung müde

Sie wollen einen Staat mit Autorität

zwei Boschgestalten
vor verschlossener Kirchtür
werden sie
am Pfingstsonntag beten
oder sich schamverletzend entblößen
von links nach rechts
aus der Mitte
von drinnen draußen
oben unten
ex-ego-konzentrisch
progress- und konservativ verhöhnt

der Bischofspalast
kein Bischofspalast
nicht Herr
Knecht
Bruder
Untertan
Fürst
nichtssagend
fünffach unechtechtunecht
steht er da
wo die Wucherer hausen
verspätet
erkenn ich auf einem Lochnerplakat
das Lochnerhaar-Gesicht
meiner Schwester Grete
gestorben an Leukämie

in der Schatzkammer Schnödigkeit Schnütgen
alles echt
Schwester
Sammlerauge
Kennerblick
verblüffend die Ähnlichkeit
Haubrich-Schnütgen
unschätzbare Werte
unschätzbare Wertsteigerung
neugotisches Gips gegen Echtes
dissertations-
habilitations-
ordinationsreif
das Abgetriebene
nicht geschützt durch 218
alles echt Schwester
der einzig echte Verrat
die einzig wahre Blasphemie
auch der Brief in meiner Tasche echt
vom Generalvikar
Alternative: zahl oder tritt aus
warum Schwester
kann ich beides nicht
erklärs denen
die dir gleichen

Viele Menschen in unserem Land sind der ideologischen Herausforderung müde

Sie fragen nach Ordnung in Freiheit

Sondermeldung: und ihr habt doch gesiegt
heil
der dreimal heiligen
Herrschaft
von Gerling und Breker
auf dem öden Reichsparteitagsgelände
vergoldet (echt)
ledergepolstert (echt)
pergamenttapeziert (echt)
echt echt alles
in der Kostenexplosion
keine falsche Bescheidenheit
Baukunst
Kunst am Bau
Zwei vom Hundert
für den ewigkeitssüchtigen Knaatschbüggel

zielstrebig Schwester
systematisch
(wie bei der Zerstörung Warschaus)
erobert die alte Herrschaft
neue Provinzen
das Friesenviertel fällt
mit dem Segen
der Oberhirten- und -häupter
ins Nichts der Leukämie
die Preßlufthammerflakregimenter
Ersatzreserve I
stehen einsatzbereit

für Baukunst
Kunst am Bau
und für Deine Obdachlosen
Schwester
die große Vertreibung

ungeduldig wartet der graue Dom
Teich der Gründlinge
auf die große Blasphemie

überall angepriesen
das harntreibende Lokalgebräu
ölige Pfützen
nächtlicher Schamverletzer
nach raschem Blasendurchgang
unhold verwandelt
zur Kinderspielpfütze
die Litanei
von Sester und Sion
Früh Gilde und Gaffel
Sünner Kess Küpper und Stern
o heiliges Kölsch
Hochheiliges Sion

Natürlich
gibt's da auch Nettes
die pausbackig süßen Dirnen
gar nicht unnahbar
in St. Kunibert

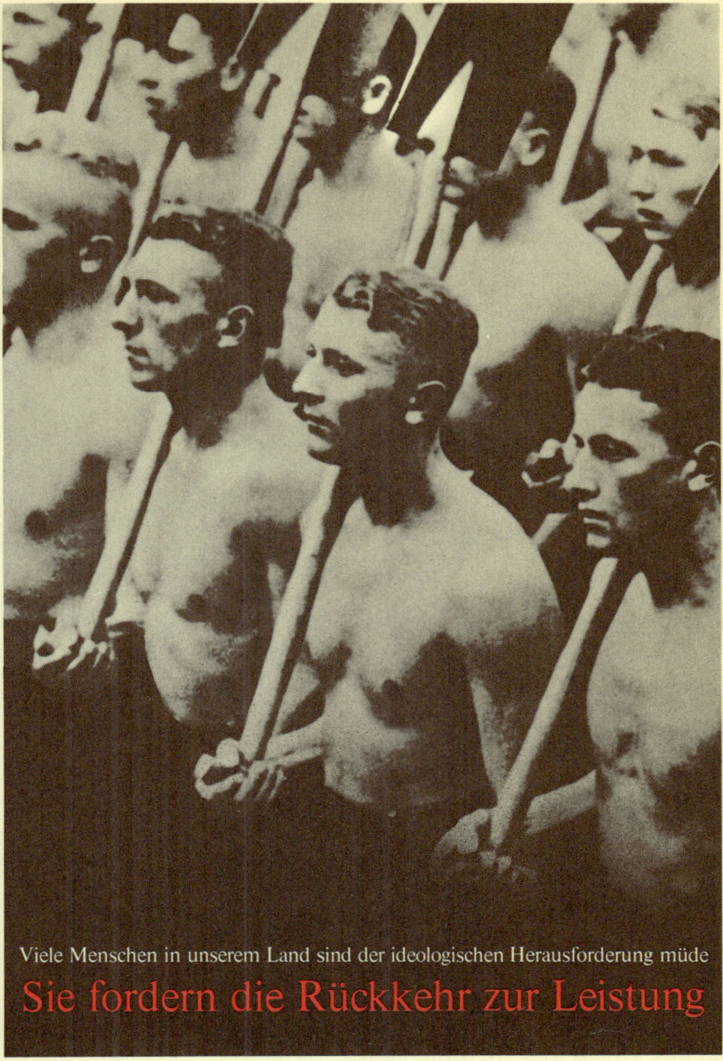
Viele Menschen in unserem Land sind der ideologischen Herausforderung müde
Sie fordern die Rückkehr zur Leistung

und natürlich
den Rhein
und die Brücken
gut
richtig gut
das Positive ist unverkennbar
springt direkt in die Augen
wer wollte das leugnen
gleich neben St. Gerling St. Gereon
Brunnen
und der WDR
unverkennbar
baut er ewig für ewig
das hat er vom Dom gelernt
die Baukräne des WDR
gehören zum Stadtbild
wie führer
bevor die Preußen kamen
die des Doms

St. WDR
der du für uns gebaut hast
heiliger Lärmkotzer
Vertreiber
Unruhestifter
ruhelos
himmelstrebig
auf St. Gerling hinschwenkend
wann werden eure Krane sich endlich umarmen

in unersättlicher Zärtlichkeit
und immer noch
und immer wieder
Schwester
das leichte
so völlig unbegründete Gruseln
in der Marzellenstraße

zahl oder tritt aus
hast du immer noch nicht begriffen
nur einen Steinwurf weit
der Rheinische Merkur
und erkennst du nicht
die kalthingekotzte
spanische Barockmasche und -mache
nebenan in Maria Himmelfahrt
was denkst du
was das alles kostet
wer soll das bezahlen
und wiederum nur einen Steinwurf weiter
St. Bachem
der du für uns gedruckt hast
schon für unsere Urgroßeltern
und deren Eltern
Schwester
hat er gedruckt

AUF INS SUDETENLAND!
Viele Menschen in unserem Land sind der ideologischen Herausforderung müde
Sie sehnen sich nach demokratischer Solidarität

Machabäerstraße
wo du
die anderen
auch Annemarie
und so viele
herangebildet wurden
dem gebildeten Katholiken Gattin zu sein
(welche Mesalliance, meine Liebste!)
und (Steinwürfe nur!)
das Marzellengymnasium
wo gebildete Katholiken erzogen wurden
zu allem
nur nicht dazu zärtlich zu sein
begattet wurden ihre Frauen
träumten von verbotenen Zärtlichkeiten
kannten sie nur aus dem Beichtspiegel
und der Pornographie des St. Ligouri
und tauchten Weiberfastnacht
auf und unter

Ihre Männer fanden verbotene Zärtlichkeiten
anderswo
ein paar Steinwürfe
südlich des Domes
nördlich des Domes
auf den Grundstücken
des erblichen Legaten
der Heiligen Römischen
die einträglichen Huren

waren gelehrige Schülerinnen
zahl oder geh
zahl oder tritt aus
doch hin und wieder übten sie gewiß
Barmherzigkeit
mehr als der Obermeister der Gründlinge
er gab dem Rheinischen Merkur
zwei Millionen
zahl
Schwester
zahl
du hast gezahlt
viel zu viel
Schwester

vielzuviel
für die leukämischen Hostien
den vorenthaltenen Wein
von vereidigten Händlern geliefert
nicht für dich
die Schurken
mit dem gebildeten Gaumen
küssen im Weinkeller Schnödigkeit
mit ordinierten Zungen
was dir verboten war
ich hoffe
du triffst sie nicht
dort wo du hinwolltest
ihr Hohn könnte schlimmer sein

als Leukämie
ihr Kuß obszöner
als all das
von dem Kinder nichts wissen

zu spät
zehn Jahre nach deinem Tod
erkannt
auf einem vergilbten Lochnerplakat
am Pfingstsonntag
an einem Bauzaun
in der verödeten Stadt
in freudloser Sonne
zwischen St. Gereon
und St. Gerling

Gruseln
Schwester
ich hab's gelernt
bei den Gründlingen im grauen Teich
brauchte nicht auszuziehen
um Fürchten zu lernen

Schlüpfrigkeit
Schwester
ich hab sie kennengelernt
bei den Gründlingen
im grauen Teich
nie bei der einen

und nie bei den anderen
keine hat je gesagt: zahl oder geh

Heiliges Brutto
Heiliges Netto
Heiliges Konto
erbarmt euch unser
der Gymneten
(für nicht humanistisch Gebildete:
schutzlos Kämpfende)
im zweitausendjährigen Krieg
der Gründlinge

Segnet die Waffen
Fingerkuppen
Farbband

Papier
Bleistift
Radiergummi
Tippmaschine
und den
Briefträger
der's austrägt
um geringen Lohn.

Viele Menschen in unserem Land sind der ideologischen Herausforderung müde

Sie wenden sich von Ideologien ab und Idealen zu

sieben Jahre und zwanzig später

nach Ingeborg B.
für Annemarie C.

sieben Jahre
und zwanzig später
Liebste
verhärte dein Herz
verschließ deine Hand
gib keinem keinem
Brot Kaffee Geld Milch
in Deutschem Land

vermine deine Schwelle
Liebste
laß niemanden ein
der das Stichwort nicht kennt
und wenn ich heimkomm
und's nicht weiß
schieß mich nieder
ich könnte ja auf der Flucht
und mein Stichwort könnte
Kapitalismus sein

sieben Jahre
und zwanzig später
Herz

findet im Deutschen Haus
Stalingrad
auf der Türschwelle
statt

es werfen Deutsche Eltern
Deutsche Kinder
Deutsche Gatten
Deutsche Gatten
aus Deutschem Haus

siebenundzwanzig Jahre
später
Mädchen
sei gnadenlos
vergiß
daß du gehungert hast
vergiß
daß du dreihundertmal
Bombenangst gehabt hast
vergiß
daß die Kettenhunde
der Deutschen Wehrmacht
dich in Schrecken versetzt haben
vergiß
daß du ein Mensch warst

vergiß
vergiß
nur nicht

Viele Menschen in unserem Land sind der ideologischen Herausforderung müde

Sie sind wieder bereit, sich zu belasten

die freiheitlich
demokratische
Grundordnung
von BILD
für BILD

sieben Jahre
und zwanzig
später
trägt keiner
mehr gelben Stern
und doch weiß jeder
wen er vor sich hat

im Deutschen Haus
legen Mörder Gesetze
hacken Deutsche Krähen
Deutschen Eulen
die Augen aus

sieben Jahre und zwanzig
später
Liebste
vermine deine Schwelle
verhärte dein Herz
verschließ deine Hände
schieß mich nieder
wenn ich heimkomm
und das Stichwort nicht weiß

leben von BILD
zu BILD
von WELT zu WELT
denke nicht nach
und vergiß
daß du ein Mensch warst

Für Hans Werner Richter
(und Toni natürlich)

Denk ich an Dürkheim
denk ich an die Rückfahrkarte
der französischen Militärregierung
denk an Maiengrün
an Eich (der schon ein Auto besaß) und
Ilse und mich zur Messe fuhr
unliterarisch
unliterarisch auch
Erinnerungen an Sinzig
im Auto ausgetauscht mit Eich
über allem und jedem noch
ein Hauch von prisoner-camp
flüchtig noch
keiner dachte ans Bleibende
und blieb doch etwas
denke an Wiss-Verdier, an Wintzen
und immer wieder: an Sinzig
wo wir erfuhren
was zu erfahren war:
Eich, andere, ich
denke immer wieder an die
Rückfahrkarte von der
französischen Militärregierung
Ich kaufte als erstes Spielzeug
für die Kinder

eine Uhr für Annemarie
kaufte Zigaretten für mich
verpumpte Geld
und bekam es wieder!
stellte in späten Jahren fest:
Autoren sind die zuverlässigsten
Schuldner – gegenüber Autoren
(und auch die zuverlässigsten Untermieter
korrekt – Eich und Janker in Müngersdorf!)
an Maiengrün in Dürkheim
denke ich
an unkorrigierbare Mythen
und die Rückfahrkarte
der Kulturpolitik
einer ausländischen Macht

Für Walter Warnach
zum 70. Geburtstag

Sprich es nicht aus,
das gefolterte Wort,
es ist wählbar.

Nenne ihn nicht,
den geschundenen Namen
des Gegenwärtigen.

Wenn du ihn siehst
sprich ihn nicht an
er will seinen Namen
nicht hören.

Lächle ihm zu,
er bedarf des Trostes.

Der Wind hat sich gedreht.

Viele Menschen in unserem Land sind der
ideologischen Herausforderung müde.
Sie suchen wieder nach der Bewahrung des Bewährten.
Sie verlangen nach Sicherheit vor radikaler Gewalt.
Sie wollen einen Staat mit Autorität.
Sie fragen nach Ordnung in Freiheit.
Sie fordern die Rückkehr zur Leistung.
Sie sehnen sich nach demokratischer Solidarität.
Sie wenden sich von Ideologien ab und Idealen zu.
Sie sind wieder bereit, sich zu belasten.

[redacted] ist immer für die Bewahrung
des Bewährten eingetreten.
[redacted] ist deswegen
heute die Zeitung von morgen.

[redacted]

UNABHÄNGIGE TAGESZEITUNG FÜR DEUTSCHLAND

Anzeige aus »Die WELT« vom 31.12.1974